텃밭에도 사유가 있다

텃밭에도 사유가 있다

| 정범식 5시집 |

● 시인의 말

생성의 궁금증과 소멸의 감동이
두려움으로 다가올 즈음
어느 마음씨 좋은 은백색의 고요 만나
피난처인 듯 잠시 숨 고를 수 있음은
차라리 다행일지도 모를 일!
사라짐에 대하여
마비된 듯 늘 무감각하였고
언제나 불멸인 것처럼
열애와 치매 사이에서
양다리 걸치고 있었음에
겨우 몇 편의 시집과 글들이
흔적 되어 덩그러니 남아 있음은
그나마 위안과 다행일 수도 있겠지만
이른 아침 햇살이 꼭 반갑지만 않은
활짝 핀 나팔꽃처럼
뚝뚝 떨어지는 이슬 같은 유희보다는
잊힘에 대한 불안과
존재의 의미가 더 형이상학일 터
이 삶 정녕,
그 언제쯤이나 맛깔스럽게 다가올는지…

2025년 5월

龍雲 정범식

제1부

그리움으로

● 시인의 말

새벽녘 빗소리 __ 15
매화 __ 16
떠나간 친구에게 __ 17
산다는 것은? __ 18
늙음에 대한 고찰 __ 19
늦가을 날 __ 20
삶에 대하여 __ 21
골목길 그 담장 __ 22
아지랑이 __ 23
애증(愛憎) __ 24
여정 __ 25
이순(耳順) __ 26
잊혀진 것들 __ 27
치매 __ 28
회상 __ 29
사랑이란? __ 30
사랑의 정의 __ 31

시간 __ 32
신세계 __ 33
이슬 __ 34
나팔꽃 __ 35
추억 __ 36
두 갈래 길 __ 37
향수(鄕愁) __ 38
고향 __ 39
궁남지 __ 40
나 __ 41
그 아이 __ 42
호미 __ 43
정(情) __ 44
청춘 __ 45
핀잔 __ 46

제2부
세속으로

돌다리 ― 49
삶의 형이상학 ― 50
세월 속에서 ― 52
백지 한장 차이 ― 54
붉은 신음 ― 55
비 내리는 거리 ― 56
빈터 ― 57
사람처럼 살아라 ― 58
난지도 ― 59
상념 ― 60
상처 ― 61
새벽과 시인 ― 62
새벽녘 유흥거리 ― 63
시계 ― 64
아이 ― 65
어느 시인에게 ― 66
엄니 ― 68
오도령(悟道嶺) ― 69

우연 __ 70
인생사 __ 71
입춘 __ 72
자식 __ 73
지는 꽃 __ 74
타운하우스 사람들 __ 75
타향살이 __ 76
하루 __ 77
하루살이   78
화분 __ 79
공허(空虛) __ 80
광릉 __ 81
꽈배기 __ 82
지네와 아부지 __ 83
지하철에서 잉태한 아이 __ 84

제3부
자연으로

겨울 문턱에 서서 _ 87

전원생활 _ 88

국화꽃 _ 89

6월 어느 날 _ 90

계룡산 정상에서 _ 91

7월의 정오 _ 92

깨달음 _ 93

늙은 감나무 _ 94

들꽃 _ 95

말복 _ 96

메주 _ 97

봄비 내리던 날 _ 98

비 오는 시골 풍경 _ 99

사라짐에 대한 고찰 _ 100

상수리나무 _ 101

석양 _ 102

설중매(雪中梅) _ 103

세월 _ 104

싹(1) _ 105

싹(2) __ 106
어쩌다 알게 된 사실 __ 107
여명(黎明) __ 108
이화령(문경새재) __ 109
그 자리 __ 110
낙동강가에서 __ 111
춘삼월 __ 112
춘분 __ 113
처서(處暑) __ 114
한로(寒露) __ 115
귀농의 꿈 __ 116
정오의 풍경 __ 117
종착역 __ 118
일몰 __ 119
장미 __ 120

● 해설 삶은 사라지는 것이 아니라, 남겨지는 것이다
• **정유지**(문학평론가 · 문학 박사) __ 121

제1부

그리움으로

새벽녘 빗소리

새벽녘 빗소리는
실체 없는 그리움이다
희미함이 증폭되어
속삭이듯 가슴속 파고든다
인적이 뜸해야 새벽이듯
저토록 애절하게 걷는 청춘들도
새벽이기 때문이다
그 소리 누구의 것이든
고요 속에서 묻힌
반발자국 앞서가는 새벽일 뿐
뒤따르는 발자국은 조금 더 애절하다
매달리듯 외로움이다
손잡지 않았음에도 그림자는
막아선 우산 속에서
부딪히는 두 어깨 소리 듣는다
아직, 늙지 못한 육체 탓이다
숨죽이는 새벽녘 빗소리는
수많은 언어 되어 청춘들을 유혹한다

매화

옷자락 여미는
때 이른 봄바람 사이로
매화꽃 새삼스럽다

혹여라도,
자드락 비 내릴라치면
매서운 설움 한가득 품은 채
몸서리칠 터인데

저녁노을에 기댄 육신
거추장스러움에
정녕, 정녕 하염없는
삐쩍 마른 가지 흘리는 눈물
그 틈새, 틈새에는
가없는 개미들만 북적거린다

떠나간 친구에게

널, 기억할 수 있음은
아직 살아있는 까닭이다
널, 놓아준 그 언젠가는
잊기 위함이었지만
지금 뇌리에 되살아난 넌,
사무치는 그리움 때문이란다
그토록 꽁꽁 언 세상 다 싫다고
저 하늘의 별이 되겠다고
이내 가슴 후벼파고 떠날 때는
난 널, 보낼 준비 아니 되었을 때였다
찬 이슬에 촉촉히 젖고
푸른 소나무 서러워 눈물 흘릴 때
넌, 왜 그래야만 했었는지
이제는 알 것만 같은데
차디찬 세상에 보복한 넌,
영원한 삶을 택하였음에
오열하고 토해낼 수만 있다면
차라리 꿈이고 싶다
전생(前生)의 업보가 되고 싶다

산다는 것은?

산다는 것은
배시시 웃다가 울다가
궂은 날, 호랑이 장가가듯
그러함일 거외다
꺼내고 싶건만
가냘픔에 아련해지고
희망인 듯 웃노라면
어느새 멀리 달아나는
깊은 낭떠러지
애증에 껴안고 싶지만
보이지도, 다가갈 수도 없는
이미, 머언 뒤안길

그러함에 산다는 것은
아마도, 헛다리 짚다 만
공(空)일 거외다

늙음에 대한 고찰

아침마다 늘
낯선 이와 마주하고 있습니다
그, 언제였던가
햇살마저 오물오물 씹던
청춘 시절 있었겠지요
여태 사라진 쌀알 오천만 개로
주름살만 늘려갔고
축 처진 볼살에 투자한
구루무만도 수백 개 되겠지만
단 하루도 같은 이와
마주한 적이 없습니다
속수무책으로 당한 현실에
거울마저 깜짝 놀라곤 합니다
그렇지만 이젠 범람한 주름살 앞에
스스로 토닥토닥해 봅니다
빠져나간 근육들 절망이라도 갈까 봐

늦가을 날

그 누가 바람 불어
좋은 날이라 했던가
뒷산 숲 이룬
아름드리 굴참나무들
낙엽 되어 무수히 뒹굴고
굵은 가지에 둥지 튼 부엉이
달빛 창백한 날 잡아서
큰 눈 더 크게 뜨고선
구슬픈 노래 불러 댄다고
떠나간 날 돌아올 리
만무하거늘
꽃피고 푸르거나
찬 바람 불고 서리 내리거나
지나고 돌이켜 보면 다
한통속일 터인데
이토록 스산한 늦가을 날
감히, 그 누가 바람 불어
좋은 날이라 했던가

삶에 대하여

흐르는 것이 어디
물뿐이랴
세상에 존재하는 모든 것
내 것 아니거늘
뒷산 상수리나무처럼
푸르르다 고목 되면
그만인 것을
도시 매연에 찌들어
숨 가쁘게 살아온
비뚤어진 허파, 부둥켜안은
이 세월...
이제는 바람 되어 사라진
디딜 방앗간
쌀 빻는 소리도 그립다
찢어진 검정 고무신에
연 날리고 팽이 돌리던 시절
너무도 그립다
잊혀가는 삶에 대하여...

골목길 그 담장

골목길 담장 사이에 낀
그 사내아이
가보려 했던 날들이
예순 줄 넘고 넘어
옴짝달싹 못 하고

귀여웠던 이내 짝꿍
코딱지 먹이던
머시매 같던 그 아이는
맑디맑은 물가
어느 기억 속 헤맬 때

머지않은 칠십쯤
또다시 끼게 되노라면
필연 아닐지라도 좋으리
긴 세월에 숨어 있을
그 사내아이 알아볼 거나
골목길 늘어선 그 담장!

아지랑이

아른거리다 사라지는
봄 아지랑이처럼
숨겨둔 그리움도 그러하였다
사랑하리라, 사랑하리라
그토록 진정한 마음이었건만
어쩌다 내려놓게 된 무게
무심히 뒤돌아본 먼 훗날
"용서"라는 시간과
세월 앞에서
또다시 되물어보는 뒤안길
그 어느 끄트머리에서
무거움 못 이겨 아른거릴까
두려움 앞서건만
그래도 행여 아니 올까 하는
뒤숭숭 아지랑이 같은
이내 마음…

애증(愛憎)

아무리 애틋한 사랑일지라도
시간 흐르고 보면
통증 사라지고 무뎌지게 되니
아직 낡지 않았지만
추억되기에는 서글픈
지겹지 않을 만큼
꽃은 여전히 피고 지고 있건만
서성이기엔 향기 없어
달달함마저 눈가에서 사라지고
그럼에도 멀찍이 하기엔
헤픈 웃음기!
찰나의 마침표 찍지 못하니
때로는 먹구름 몰려와
느닷없이 쏟아지는 폭우에도
머지않아 갤 수도 있으려니 하면서
생각보다 기다림 많아지는
묘한 게, 마음마저 잡아 놓더라

여정

천천히 걷다 보면 안다
뛰는 게 얼마나 부질없는지
괴롭거나 슬픔도
아무 일 아니라는 듯이
애써 웃음 보이고
한집 부엌 내 젓가락조차도
제짝 찾기 어려운 것임에
산다는 것 또한, 그러한 것임을
그래서, 가끔은
아주 멀리 걸어봐야 안다
떠나온 머언 뒤안길에서
무슨 일 있었는지
가끔은 궁금하기도 할 터
그 어디에선가 두리번거릴 때
돌아가는 그 길
정녕, 또 갈 수는 없겠지만…

이순(耳順)

이순(耳順) 넘으면
세상사, 다 이해될 줄 알았다
빠릿빠릿함이 실종된
고뇌한답시고 느릿느릿
뜨뜻미지근의 연속
비우고는 채워가지도 못하고
익다만 별 맛없는 삼류 되어
공자, 순자처럼
다 삼키지는 못할지라도
이내 삶, 사상가 만이라도 되어
게워 낼 수 있을 줄 알았다
입방아 찧는 이들은
참으로 점잖고 무게 있는
글쟁이라 말하겠지만
정작, 마음만 한참 젊은
이순(耳順)이다 보니
이성, 감성 다 빠져나가는 중…

잊혀진 것들

까맣게 변한 기억의 골짜기
잊힌 것들 스멀스멀 떠내려올 때면
첫눈 펑펑 내리는 날 뒷동산 올라
그 속 파헤치고 꺼내어 보자
순백한 마음속에 숨겨진
나름의 그 무엇들 있으려니
오랫동안 묵히고 썩힌 것들
따지고 보면 모두 다
부끄럽고 미안한 것뿐일 터
늘상 티격태격했던
행복도 불행도 아닌 모호한
잡풀 같은 일상들이 사실인 즉,
가시덤불로 우거진 삶일 것인데
하얀 눈 베개 삼아 비스듬히 누워보자
저 홀로 훌쩍 떠나간 나이테 세면서
그 사이사이 틈새 끼인 것들
비록 잊힌 들
결코, 버리진 말아야 할 것들
수두룩하리니…

치매

이른 아침이
상쾌하고 잔잔한 이유는
종일토록 쌓아둔 기억이
자신도 모르게
밤새, 지워진 탓일 게다
존재하든 그렇지 않든
그 사실은 굳이,
끄집어내지 않아도
될 일…
어차피 때 되면
삶에 지쳐
무거워진 눈꺼풀처럼
스르르 감기고 말 터
그러함에도 남아있는 현세
이토록 행복해함은
아무 일 없었던 듯
무(無)인 양 잊혔기 때문

회상

그 얼마나 아름다웠던가
황홀한 청춘 앞에서
찢어질 것 같은 아픔도
에메랄드빛이었고
목석같은 영혼도 녹아
꿀처럼 달콤하지 않았던가
첫날밤 보낸 신혼처럼
그토록 설레던 시절 지나
기나긴 여행 중인 작금에
망망대해 항해 막 끝내고 난
돛단배처럼
혼자만의 여유와 평온
겨우 내세를 지배할 즈음에
잠시 잊으려던 현실 몰아쳐 올 때
기억들 오물오물 씹으며
깊은 밤 온몸으로 휘감아 오지만
미지의 두려움 앞에서
사막의 신기루처럼 나타났다가
백팔번뇌로 사라지는 회상

사랑이란?

사랑이란?
인연이라는
거창한 포장하에
오뉴월 검은 구름으로
위장하고선
소나기 되어 다가왔다가
뙤약볕 쨍쨍 내리쬐는
말복 어느 날 즈음
뜨겁게 뜨겁게
부둥켜안고선
아스팔트 위를 뒹굴다
말라비틀어진
지렁이 되어가는 것

사랑의 정의

사랑이란,
꼭 알아야 할 것
10%만 알고
나머지 90%는
설령 알아도
모르는 척
덮어주는 것
그래서,
평생토록 서로
궁금해하면서
알아가고
살아가는 것

시간

두 팔 벌려 안고 싶었습니다
늦가을 언저리에서
국화꽃 마지막 향기 날릴 때도
못 본 척 애써 외면하면서
슬쩍 비껴가려는 그대는
한때, 그 누구도 부럽지 않은
죽마고우였겠지만
너무도 변해버린 그대는
무심하게도
바람 같은 영물이 되어
애인도, 친구도 아닌
어물쩍 넘어가는 사이가
되고 말았습니다
다가가면 더더욱 멀어질까
조심스레 우매
이젠 그립기까지 합니다

곁에 잡아 두고픈 그대
몹쓸 그대... 시간!...

신세계

빗방울 부딪치는 소리에
어렴풋이 눈뜬
창가에 어린 신세계
밤새 뒤척이며
뇌리속에 쌓아놓은
고뇌 알아챘는가
빗물이 그려놓은 자화상
가슴이 먼저 젖어버리고만
지난날들
흐릿하게 다가오다 말고
변덕쟁이 되어
그렸다가는 지우고
또 그려보는
떳떳하지 못했던 인연들이
두리뭉실 방울방울 되어
뚝뚝 떨어지고 만다

이슬

새벽!
세상 다 곤한 잠에
취할 즈음이면
촉촉이 다가오는
연인, 연인!
언제나 그러하듯이
보는 이 없어
포근이 안겨 올 때면
젖디 젖은 방울방울
너무나도 사랑스러워

세상사 늘 변덕!
불그스름 동녘 햇살에
이슬 같은 잡몽(雜夢)
종말(終末)은 늘, 그러한 법
애태우다가 말 불나방
때 되면 메말라 가겠지만
그 또한, 또 다른 잉태
원망 같은 체념으로
깊은 고뇌! 스르르 빠져든다

나팔꽃

가시지 못한 어둠
이른 아침 사그라들 적

사철나무 담장
칭칭 감다 돌아앉은 꽃망울
눈물로 범벅된 사연
그 누가 알까마는
어쩌다 들켜버린
동병상련 애잔한 마음

추억도 마다한 머언 옛사랑
미련 아닌 줄 알면서도
애써, 외면하지 못하고
이토록 되살아나 남은
시도 때도 없이 찾아오는
그리움 탓이려니…
그대 이름 나팔꽃이어라

*별장, 사철나무 담장 곁에서.

추억

가을비 내릴 때면
어린 시절!
식구들 둘러 앉았던
밥상 그리웁다

모래알로 밥 짓고
빗물받아 찌개도 끓여본
그 싱그러움에
여분으로 남은 눈물 콧물로
간, 대충 맞추어 본다

아주 오래전에 빚은 채
뒷산에 묻어두었던
고독이라는 술독도 꺼내놓고
깊어가는 밤, 빗소리
샹송으로 흐느적거려 본다

추억이라는 이름으로…

두 갈래 길

바람도 갈라서야 할
두 갈래 길!
서로 다른 삶
어느 한시, 어느 곳에서
우연을 가장한 채
스치고, 지나칠 수도 있겠지만
잠시나마, 웃고 울었음에
이 갈래 길 지나고 나면
이름조차 기억하는 이 없겠지
머지않은 훗날,
수많은 별 되어 떠돌다가
그리움조차 사라질 때
작은 바램, 작은 흔적
그나마 홀씨 되어 남을까
이제 와서 그대와 나
그 무슨 미련 있겠냐만

그러함에 안~~녕...!

향수(鄕愁)

휘황찬란한 네온사인 사이로
내 고향 향수들 모아
주황색 날개 주렁주렁 달고선
훠이훠이 날려 보내고 싶다
길 건넌 타향살이들
원수인 양, 목구멍에
막걸릿잔 마구 기울일 때도
내 어릴 적 조잘거리던 친구들
안주 삼아 내어놓고
자치기며 팽이치기, 숨바꼭질
걸쭉하게 마시고 싶다
술맛 떨어질라
가는 눈썹 치켜세우기도 하겠지만
아닌 척 먼 산 바라보며
사실은, 눈시울 붉히기도 하겠지
늦은 밤 불빛 흐려질 즈음이면
너울대는 세상 한동안 응시하다가
깊이 모를 향수 속으로
두 손 모아 풍덩풍덩하겠지

고향

산모퉁이 돌아서면
내 엄니 자궁처럼 아늑한 곳!

작디작은 그리움 묻어둔 채
억센 할미 손에 이끌려
서울 유학 핑계 삼아
떠나갔던 그곳

도시 철창 속에 갇혀
한 세월,
어찌 그리 단단했던지
힘겹게 힘겹게 헤치고 보니
남은 건,
주름살과 메마른 가슴

어쩌다 지나치다 보니
기다리고 있다는 듯
변함없는 적막한 느림
남은 세월 지금부터라도
무너진 담장 쌓으며
무성한 잡풀도 뽑아야겠다

궁남지*

흘러간 구름이 들려준
서동 · 선화 이야기
수많은 연꽃으로 환생하였을까
한낱, 부귀영화였을까
소소한 미풍에도 흩어지는
파르르 은파속에
대칭되어 흔들리는 허상들
줄줄이 엮인 사연
연못가 버드나무인들
왜 모를까마는
제풀에 지쳐 늘어진
기나긴 공허함 탓일까
홀로 떠 있는 표룡정만이
애틋한 그 사랑
되뇌는 듯 하누나

*궁남지 : 부여읍 동남리 위치, 백제 별궁 연못.

나

난, 나라는 너를
만나보고 싶다
젊은 시절!
멋들어진 꿈과
몹시도 잘난 척 나대던
나름의 위시(爲始)!
그러하던 너 같은 나!
활활 타오르던
수많은 사연들 중에
아직도 못다 한
반 조각의 불티라도 깨워
소박하게나마
함께 드리워 보고 싶다

한 발짝만 더 가노라면
이젠,
너무 늦을 것 같은
그리운 나라는 너를…

그 아이

눈이 똘망똘망했던 그 아이
두 손 꼬옥 잡고
중지도* 나란히 걸을 때면 늘,
어스름한 서녘 황혼 물결 길게 이어져
우연을 가장한 그 자리 다시 찾아
버들가지 피리 만들어 불면서
콩닥거리던 가슴 어디로 갔을까
솔솔 불던 강바람마저
눈치챈 나 슬금슬금 피해 가고
몇 조각 남지 않은 입가 헛웃음들
길가 떨어진 마른 잎만 챙기니
백팔번뇌 견디고 견디는
여기, 길게 늘어진 버드나무들처럼
오랜 세월로 곰삭혀 갈 바에야
초라하게 야윈 남은 것들 주워 모아
이젠, 스스로 버려야겠지
하나…둘씩…

*중지도 : 제1한강교 중간 노들섬의 과거 명칭.

호미

내 어릴 적 아부지는
지나던 아이스깨기 장사
불러 세우셨다
보채는 아들 입, 고인 침과
아직 덜 낡은 호미
기어이 바꾸고 말았다
할부지 모르게…

그 아이의 아이가
아이스크림 사달라고 조를 때
그 아이의 아이
이빨 썩는다는 이유로
끝내 사주지 않았다

흘러간 세월 속에는
그 침, 아직 숨어있는데…
정녕! 잊었나 보다

정(情)

무뚝뚝한 경상도 머슴아
그것을 가슴이라고
말할 수는 있어도
사랑이라고는
죽어도 말 못 하겠네
외로움인지 그리움인지
때로는 구별 못 해도
봄 햇살에 잔설 녹듯
질펀하게 다가오는
그 무엇 있어
그렇다고 굳이 표현하고
목 놓아 부르짖을 일은
더더욱 없을 것을
아지랑이 피어올라
두 맘 찡하게 마주치는 날
냉·온탕 오가다 느끼는
그 어떤 것 있노라면
그것 하나만은 당신에게
꼬옥! 주고 가겠네

청춘

지나간 만큼
애틋함 알까마는
나그네 발자국 소리에도
가슴 한편 마구 뛰고
동풍 문 삐그덕거려도
절로 눈길 돌린다
오! 청춘이여

단연코 오지 않음을
모르진 않지만
그래도 난, 널
마냥 기다리고 싶다
너무너무 멂에
막힌 길 아니 올 지라도
난, 오늘도 어제처럼
대문 활짝 열어놓은 채
널, 맞이하고 싶다
오! 청춘이여

핀잔

여름 무르익어 더워지길래
몇 벌 있긴 하지만
맘에 드는 반팔 티 하나 샀다
그러나, 얄궂은 딸 눈초리
어찌 그런 걸 샀느냐다
젊게 보이는 옷 사야 했노라고
틀린 말은 아니겠지만
따지고 보면,
나름의 개성 온데간데없어
틀에 짜인 온실 속 같아
복사기처럼 살아가는 게 싫었음에
어쩌면 그렇게 등 떠밀려
뚜벅이로 살아왔는지도 모를 일
머지않을 종착역 앞두고
이제는 그러한 말도
너무나 그리워질 나이임에
핀잔 들을 겸 하나 더 사야겠다

제2부

세속으로

돌다리

끝날 것 같지 않던 25시
겨우 달래서
위태로운 하루 또 건넌다
어찌어찌 깨닫게 된
울퉁불퉁 반듯하지 않은
돌다리 같은 삶!
그나마, 생리적 욕구
움직여 줘서 고맙고
반갑기도 하겠지만
과연 지난 이길 옳았던 걸까?
반문도 해보지만
돌아갈 길 영영 없음에도
끊임없이 짓눌러 오는
두려움!
앞세운 건 세월뿐인데
행여나, 여명(黎明) 아닐까
믿고 싶은 이 돌다리!
조바심만 늘 하염없다

삶의 형이상학

불혹(不惑) 넘기면 찾아올 거라던
삶의 맛...
먼지처럼 어느 우주 떠다니다가
현세에 머물게 된
결코 짧지만 않은 시간 속에서
두고 갈 그 무엇 있을까마는
되돌아보지만
형이상학만 난무한...
그 어디쯤 가고 있을지
어디로 향하는지 모를 지금
뽀얀 안개 속 질주하다가
이름 모를 어느 섬에 난파되어
독백처럼 중얼거리다 토해내고만
조그마한 빈터 하나
지친 영혼 흔들고 깨워서
아등바등 치근거리기도 했겠지만
더듬이 떨어진 개미처럼 비틀거리다
결국엔 제자리만 맴돌다 만...
빈터에서 바라보는 삶의 종점은
정녕 어디쯤 일지
생성의 궁금증과 소멸의 감동이
두려움으로 다가올 즈음
어느 마음씨 좋은 은백색의 고요 만나

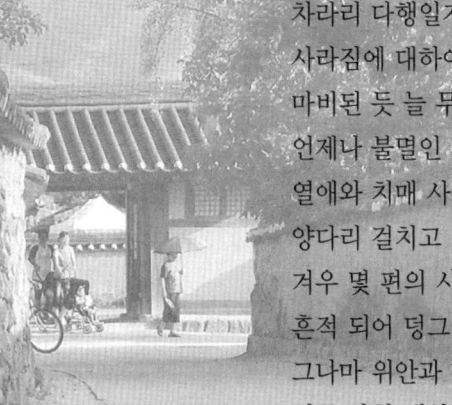

피난처인 듯 잠시 숨 고를 수 있음은
차라리 다행일지도 모를 일
사라짐에 대하여
마비된 듯 늘 무감각하였고
언제나 불멸인 것처럼
열애와 치매 사이에서
양다리 걸치고 있었음에
겨우 몇 편의 시집과 글들이
흔적 되어 덩그러니 남아 있음은
그나마 위안과 다행일 수도 있겠지만
이른 아침 햇살이 꼭 반갑지만 않은
활짝 핀 나팔꽃처럼
뚝뚝 떨어지는 이슬 같은 지적 유희보다는
잊힘에 대한 불안과
존재의 의미가 더 형이상학일 터
삶은 정녕,
그 언제쯤이나 맛깔스럽게 다가올는지

불혹은 이제는 머언 과거
지천명(知天命)도 훌쩍 스쳐 가고
이순(耳順)마저 언제였던가 기억하면서…

세월 속에서

낙엽마저,
사랑이라는 이름으로
앙상한 가지 드리워 낸다

이내 몸은 아직도
독야청청 푸르름 상상하며
뙤약볕 쬐려 하건만

엷어지는 삶 저 너머로
그리움마저,
안개 속인 양 희미해지고

못다 이룬 사랑
어느 지천에서 떠돌다가
산비탈 소나무 거름될까마는

펄펄 끓던 청춘 한때
그토록 아파했던 날조차도
아니었던 척 잊고 지나갔거늘…

푸른 잎새 감춘 현실은
왜 이다지도 마음 시린 것인지
서늘함이 싸늘함으로 환생해 버린 지금

바삭거리는 삶마저
혹여, 스스로의 발자국에 부서질까
고이는 눈물로 무뚝뚝하게 막아서 본다

가지가지마다 하얀눈 쌓이고 나면
축 늘어지는 볼살 너머로
오금까지 시려 오겠지만

아직은 심장 두근두근 요동쳐 줄 때
남아있을 대본의 피날레(finale)
마지막이라는 무대 이름으로
뼛속 깊이깊이 무언가 남기고 싶다

그대라는 세월속에서…

백지 한장 차이

의미 있고 없고는
백지 한 장 차이
알면서 행하면 고수
모르면서도 행하면 하수
모르면서도 잘 고치면 명의
잘 알면서도 못 고치면 돌팔이
텃밭에 있으면 잡풀
산천에 있으면 경치
시대가 칭찬하면 천재
비난이 일면 천치
배낭 메고 가면 여행객
넝마 메고 가면 거지
숨 끊어지면 사자(死者)
아직 숨 쉬면 산자(生者)

이것도 저것도 아닐 바에야
세상사 알아도 모른 척
입 다물고 둥글둥글!
백지인 양 살아가면 되는 거…

붉은 신음

촘촘한 불볕더위
오직 힘겨움에
여윈 기억 한 조각 안은 채
거리로 나서 본다
달궈진 아스팔트 소낙비에
뚝뚝 끊어진 비릿함
포맷되다가 만 끈적이는 오후
자꾸만 되살아나는 통증
가시 속 같은 뇌리의 그것!
무엇일까? 찾아보려
힘주어 휘저어 보건만
모호하게 끌려다닌
오랫동안의 붉은 신음들
먼지 되어 쌓이고 쌓였음에
치울 수 없어 행여, 아닌 척
가끔은, 배시시 웃음인 척
백지 위에 쓱싹쓱싹
지우개 되어 스쳐 가기로 하였다

비 내리는 거리

오늘은 이 거리를
헤매이어야 할 것 같다
거리 불빛에 어리어
이토록 아늑한 비 내리면
그나마 동행 있다는
뒤따라올 내 발끝 소리에
애써 미소 지으면서
마치 우산 속 두 연인인 양
그러하듯 걸어도 좋으리
서두르기보다는
그 누구 마중 기다리는 듯
좌우 살펴보면서
가끔은 툭툭 튀는 빗물처럼
비틀거리기도 하다가
시 한 수 떠오른 시인인 양
고개도 끄덕거리다 보면
외로움이란 게,
뭔지도 찾아볼 수 있겠지

비 내리는 이 거리에서...

빈터

풀숲으로 변해버린
빈터에는
그 언젠가 흩어지고만
진한 향기와 웃음 있었겠지
세월의 뒷말은
언제나 지나간 바람이었고
폐허의 결말은
늘, 자연이라는 태초였다
존재한 적 없었던 양
멀고 머언,
시간적 흐름 속에서
그나마 남은 공(空)마저
이제는 허사

허기진 공간만 그저,
기나긴 영면 속 헤메고 있다

사람처럼 살아라

산다는 게 무어냐고?
사람처럼 사는 거외다

힘든 날도 사는 거고
괴로운 날도 사는 거외다
허구한 날 웃고 사는
즐거운 날만 있노라면
그건, 사는 게 아닐 터

따스한 봄 오고
무더운 여름 지나노라면
울긋불긋 가을도 있으려니
추운 겨울 왜 아니 올까마는
뼈마디 쑤시고
몹쓸 감기 몸살 심하게 겪다 보면
산다는 게 무엇인지 터득할 터

두리둥실 우리네 삶
그냥 사람처럼 사는 거외다

난지도

이토록 우거진 숲
오래전 아픈 상처를
잊었나 보다
버려진 삶!
가슴에 묻고만
발라 먹은 찌꺼기들
폐암에 녹아버린
허파!
요동치는 검은 가래
연거푸 내뱉는 헛기침은
아직도 참기 힘든데

이상한 도시에서
이상하게 솟아오른
언덕도 아닌 것이
저 홀로, 산이라 우겨댄다

상념

커피 그리워
억지로 새벽 불러낸다
불면의 이 시간
텅 빈 찻잔 속
몇 번이나 채웠을까
남은 건 한 모금의 쓸쓸함
아무리 마셔도 마셔도
성에 차지 않을 무엇
검은 창가에 매달린 채
흔들리고 마는
흐릿한 그림자 같은 거
너무도 아꼈을까
아님, 넘치고 만 것일까
상념은 고뇌로 가고…

고갤 들어보니 어느덧,
남은 것이라곤
쓰디쓴 커피 찌꺼기와
햇살 든 이른 아침…

상처

별빛들 두런두런
어둠 지워가는 새벽녘!
못다 한 날들이
욕심 채우려 든다

아! 그러고 보니
이것은,
가을 들녘에 드리운
그 어느 날들의 못난 상처!
연인인 줄 알았느냐
사랑인 줄 알았더냐
흘러내리다 흘러내리다 만
끝내 쏟아지고
매달려 버린 그 애태움!

이제는,
동녘 희미한 어둠 속으로
끝내 사그러진 꿈속 같은 비밀!

새벽과 시인

까만 하늘,
촘촘히 박힌 별처럼
하염없는 외로움은
스스로 자유를 박차고선
테라스 벽시계 소리에
저 홀로 장단 맞춘다
간이 의자인들 어떠랴
깜빡이는 태양광 전등 밑에서
길게 드리운 고뇌
이랑만 수없이 일구고 있건만
조급한 초시계는
그새 동녘 하늘 부르짖음에
스스로를 억누르지 못한
어스름 곁눈질로
이내 탈출해 버리는데
그토록 애쓴 보람도 없이
도통 존재조차 없는 시인은
단, 한 줄의 글귀도 건지지 못한 채
뭉그러진 연필만 끄적끄적
졸음 속으로 빨려든다

새벽녘 유흥거리

옅은 안개 스며든
스산한 유흥거리의 새벽녘
멈춰버린 시간 앞에 애써 찾아드는
청춘남녀들의 물결
유흥 집들과 모텔 숲속의 신세계
유황 냄새 진동하는 욕정들
술 취해 비틀거리고
절정에 도달한 눈빛들 태워 버리려
제각기 불나방 되어
오색찬란 향연 속 빠져든다
거리 널린 벌거벗은 전단지
삐져나오는 본능 어찌하지 못해
가냘픈 신음소리 내며
길을 잃고는 지천 헤맨다

어차피 머언 태초부터
갈비뼈로 맺어진 새삼스런 깨달음
쾌락으로 잉태하라는
깊고 깊은 조물주 뜻이겠지…

시계

당신이 싫어졌습니다
한때 세상 지배하는
그 모습에 반해
숨결까지 좋아한 적 있었지만
끝없는 독촉에 이제는,
보는 것조차 싫어졌습니다
언제나 늘 피곤해하고
버거움에 지쳤음에도
위로의 술 한잔조차 건낸적 없던 당신
처음 만난 날, 그때처럼
평생 친구로 해로(偕老)하자 해놓고
역사적 소명이라면서
늘 똑같은 음성, 그 잔소리
이제는 정말 지겹습니다
세상 구경 조금 더 하고 싶음이
인지상정(人之常情)이거늘
진정 부탁컨대,
똑딱똑딱 하지 마시고
또~옥~~딱 또~옥~~딱 해 주시구려

아이

아이야!
아직은 모를 거야
태어날 때부터 넌,
나의 꽃이었어
그 꽃,
너무너무 향기로웠고
늘, 곁에 두었음에
그냥 바라보는 것만으로도
외롭지 않았고 행복했지
이순(耳順) 지나는 여행길에서
그 꽃 행여 밤새 시들까
뙤약볕에 등살 따가워질까
날마다 노심초사하곤 했지
나의 살 먹어가면서
나의 늘어나는 주름살로
넌, 자신의 이상 쌓아 갔지
언젠가는 알게 되겠지만
그래서 넌,
이 몸 사라지는 그날까지도
영원한 나의 꽃이야

어느 시인에게

시인님의 시를 감상하면서,

시어 하나하나마다
시인님의 느낌과 냄새에 대하여
몇 날 며칠이라도 밤새 함께 하고픈
충동으로 다가옵니다
유년 시절부터 지금까지
느끼지 못하고 깨닫지 못한 사이에
자신을 고이 품어 주었던
자연이라는 자궁 속을
세밀한 깊이로 들여다보지 못한
자신을 나무라는듯한 부드러운 언어들
까만 밤이 하얗게 변하고
벌건 대낮이 또다시 까맣게 다가오는
하루하루가
왜 피곤 대신 새삼스러운 건지
어렵지않은 시어 속에서
작은 뇌 속을 저마다 자유롭게 돌아다니는
깊은 그 여운들
시인님의 향기가
왜 이리도 오래도록 남아 있는지
정녕 알 길이 없습니다.
살아있다는 사실을 일깨워 주신

시인님은
아직 한 번도 뵌 적 없지만
돌연, 어떤 분일까 몹시도 궁금했지만
장무상망(長毋相忘)이라 했던가요
오래도록 잊지 못할 싯귀였음에
보내주신 따뜻함을 통해
상상으로만 시인님 모습 그려 봅니다

엄니

창문 너머 새소리에
새벽잠 깨시면
이내 삶 질책하듯
낡은 테이프 눌러 놓고
천수경 소리에
굽은 등 구부림은
못난 자식 위한 기도
엄니의 살과 뼈 기대고
자랐음에
이내 심장과 피조차
다 죄인일 터
때로는 내 방문 열어
곤히 자는 모습 봐주심에
이순 넘은 이 나이에도
엄니는 그저 내 엄니랍니다

오도령(悟道嶺)*

더 높은 곳에서 바라봐야
멀리 보인다 하기에
오르고 또 올라
사방을 둘러보지만
언제나 늘 그 자리
턱밑까지 차오르는
숨 가쁨
끝 모를 꼬불꼬불한
감정 속에서
생불 같은 번민만 한이 없고
도솔천 수미산 꼭대기
여기일 것 같은데
땀으로 범벅이 되고만
고행(苦行)
벅차고 먹먹해지는
끝없는 적막한 내면의 세계
허, 그거참!,
고매(高邁)하도다

*오도령(悟道嶺) ; 경남 하동과 전남 광양 사이 고갯길.

우연

스쳐 갈 수도 있었건만
느낌 탓이었을까
마치,
어느 과거였던 듯
어디서 본 듯, 아닌 듯
서로의 아픔이었다는
이유일까!
있는 듯, 없는 듯
비껴갈 수 없는
인연으로 가장한
어쩌면 여명(黎明) 같은
거역할 수 없는
예견(豫見)
퉁치고 말 것도 없는
기어이 속절없이 다가와
알쏭달쏭 알 수 없는
현재의 시제(詩題)가 되어
후두둑후두둑 떨어짐이
오뉴월 소나비처럼 격셔온다

인생사

무대도
대본도 없는 사막에서
이름 석 자 가지고
나름의 연극
잘 치르고 있습니까?

가끔,
지나가던 관객
곁눈 흘기면서 지나치지만
때론, 가면이라도 쓰고픈
희로애락 속에서
오금지 붙고
팔다리 쑤시는 작금에 와서
아직도 더해야 할
대사와 남아 있는지요

이게 사는 거랍니다

입춘

기나긴 동촌(冬村)에
유난히도 큰 눈 부릅뜬 몽우리가
모두의 희망으로 다가오듯
아! 이래서
그럭저럭 살만하다고 하더라
멍때리다 보면
알 듯 모를 듯 다가오는 노곤함
오롯이 그러하더이다

누구나 다
산다는 이름의 긴긴 겨울
후회와 아쉬움 뒤엉켜 있을 터
세월 흐른 후 뒤안길은
늘, 얼굴 붉히고 화끈할 일인데
아! 이래서
아주 작은 기다림 만으로도
그 또한 가슴속 약이라고 하더라
눈 녹듯 저절로 흘러내리더라

참으로 참으로 그러하더라…

자식

자식 겉 낳지
속 못 낳는다는 속담

내 생명임에
내 삶의 일부라 여겼다
춘삼월 처마 밑 고드름처럼
대롱대롱 매달려 있는
절박함 속에서도
심장 오려 주어도
아깝지 않은 까닭에
그냥 업보라 여겼다
그 어느 때부터인가
내 안이 아닌
겉돌기 시작함에
삶의 질서가 무너지고
아주 조금씩 서서히
나의 지배자가 되어가는
자식(子息)
   자식
      자식...

지는 꽃

널,
처음 만났을 때
종일토록 바라보았고
안경 너머로 내리는
빗물에,
흐릿해진 너의 모습에도
결코 난,
눈 돌린 적 없었지
흐르는 시간과 계절
돌이킬 수 없는
사라짐이 멀지 않음에
이내 가슴 활짝 피어났던
그리움 남겨 보고파
남은 나의 세월로 슬그머니
채워주기로 하였다

아름다웠던 너를 대신하여

타운하우스 사람들

사람들 그리워서
그 그리움에 못 견뎌
아파해야 했던 부질없는 삶들
성냥갑 같은 아파트 팽개치고선
다들 모여든 타운하우스…
제각기 버릴 사연
어찌 없다 하리오 마는
파전에 오가는 막걸리 몇 잔이면
줄줄 새어 나오는
저마다의 인생사 육. 칠십 리
악하지 못해서
선량해져야 할 이 마을에는
차라리, 차라리
조금만 더 모자라는 듯
정원 속 듬성듬성 잡초 될지라도
남은 삶의 공통분모 속에서
속물에 비(比)할 나위 없는
느림 속으로 가보는 것

타향살이

눈보라는
타향일 때 더 쌓인다
그러함에 눈조차
타향임을 너무도 잘 안다
강한 햇살에도 타향은
녹아들 줄 모른다

그 젊었던 날들
정처 없이 떠돌아다닐 때도
쌓인 눈은
아는 듯 더 쌓아가는
비틀어 버린 지혜!
그렇게 흘려버린 세월 앞에
빗물이 강물 되듯 다 지난 얘기!

지척인 듯 머언 고향은
어찌 그다지도 멀었나 보다

하루

삶!
공평하다 하겠지만
어떤 눈으로 바라보더라도
미워할 수도 없는
언제나, 기울어진 비탈면

그러함에 세상은
낮은 쪽으로 흘러가는 것
보이는 대로 가노라면
미지의 하루하루
또 다른 내일 이어지겠지만

빈손의 방랑자인걸!
향기, 아직 남아 있으련만
자연스레 눈떠진 하루
설레고 말 어느 끝자락에서
또 다른 낯선 길 걷겠지만

멈출 듯 시린 심장은 어찌할꺼나

하루살이(1)

오늘도 눈 떠진
감사의 하루건만
애벌레처럼 꿈틀거리다가
겨우 몸부림쳐 보는
꼼지락꼼지락!

힘주어 생각해 보면
타들어 가는
갈증의 지난날들
여태 살아있음도
무지무지 고마운 일

남은 세포 하나둘 세다가
좁은 콧구멍으로
피톤치드 몇 알 밀어 넣고선
꿉꿉한 입냄새 틈 사이로
또 하루 날려 보낸다

화분

이토록
넓은 공간 놔두고
서지도
앉지도 못하는
좁디좁은 이 공간 속
그저 움크리고만
검은 마음
까만 자유
꽃인들 왜
그리움 없겠냐만
돌아누워 본들
온 사방이 벽
빈 쭉정이가
쪼르르 달려와
살며시 놓고 간

그 틈새!

공허(空虛)

하나씩
둘씩
모두 다
들어내고만
비움
텅 비어간
홀가분한
미동
너와의
마지막 주고받은
그 대화

무념(無念)이었다

광릉*

그대는 아는가
정처 없이 떠돌다 갈 곳 잃어
넋이 되었음을
그 어느 한 시대 호령하다가
풍파에 밀려 먼지 되어
덧없이 스며들고 만 작금을
정녕, 그대는 모르는가
측은지심으로 알현(謁見)하다가
한순간에 날아간 부귀영화
망국의 정령들 여기 모여 있으니
솔향기 남은 한 줌의 흙인 것을
서로 다른 이상(理想)들
뭐 그리 대수랴만
누워 있으면 다 어울릴 것들인데
그대들아!
주제넘은 삼류 시인 눈에는
그저, 아니꼽기 짝이 없구려

*광릉 : 조선 제7대 세조와 정희왕후 무덤.
　　　단종 폐위한 계유정난 장본인.

꽈배기

늘, 그렇듯 직선은
향기가 없다
멋대가리 없는
밋밋함!
꽈배기 곡선은 느림
나름의 미학!
꾸불꾸불 산길은
누구에게나 어렵겠지만
필연일 수도 있으려니…
머언 훗날!
새록새록 다가올
아름다운 추억 속에 감춰진
멋들어진 삶, 굴곡!

따지고 보면,
반듯하게 펴짐은
왠지 재미없을 것 같다

지네와 아부지

마을 동네 형수
지네라면 질겁을 한다
산골짜기 촌에서 자란 난,
별 감응이 없는데
3층까지 벽 타고 올라오는 게
기억조차 아스라해진
어쩌면 내 아버지 영혼일까?
날쌘 몸놀림, 그 손재주!
아직은 남아있는 그리움
혹여,
지네 눈으로 들여다볼까 싶어
그 아부지의 자식은
오늘도 역시 컴퓨터 한대
부쉈다가 고치다가…

슬금슬금
발 많은 지네 한 마리
또, 벽 타려고 눈치 보는 갑다

지하철에서 잉태한 아이

출근길 복잡한 지하철에서
밀리고 부딪치다가
이내 몸속 씨앗 내음에 취한 아가씨
뾰족 구둣발로 발 밟으며
교태스러운 잉태를 준비한다
아이 또한 이 세상 보고 싶어 했을 터
허름한 포장마차에서
때로는 낯선 다방 구석에서
씨앗은 그녀의 눈치를 보면서도
오랫동안 봄 기다려 왔고
실수를 가장한 현실은
뒤돌아볼 겨를도 없이 태어나고
이리도 머언 시간 흐르고 나니
어느덧 다 커버린 두 아이

가끔 지하철 타노라면
새삼 또 다른 기억 잉태될까
두리번두리번 몽상 속 헤매어 본다

제3부

자연으로

겨울 문턱에 서서

설익은 낙엽.
겨울 문턱 서성일 적
서러움마저 챙길 수 없는
빈 쭉정일 너!

욕심 채울 까마귀조차
쳐다보지도 않을 삭풍들
싱숭생숭 사기 칠쯤
뒷걸음칠 존재들 느긋함에
조급한 그리움은 그저,
한 줌 재가 될 너!

토해내고 싶은
퇴색깔 칠한 누런 잡념
아쉬움에 붙잡아 보려 하지만
잊으려 하는가, 작금을!
잃어버리려 하는가
정녕, 찾을 길 없을 너

지금부터 너를 세월이라 부른다

전원생활

푸른 산에 에둘러 업힌
수많은 별들의 야릇한 속삭임
자그마한 정원에 누운
저 홀로 알 수 없는 물음표들
세상사 변명 없이
숨죽인 채 사박사박한 삶!
하나, 둘 세다 보니
참으로 희안한 소리 없는 건반들

이것이 행복이겠거니 하면서도
뭔가 구릿한 끄트머리
속 빈 강정 같은 허전함
점점 더 멀어져가는
휘황찬란한 도시 불빛들
아니겠지 하지만 이토록 불안함
존재함을 스스로 피해 가는
밤하늘 유유자적 흰 구름 같은
전원 속 생활…

국화꽃

쾌쾌한 내음 한점
창문 밖으로 내보내려다
뜻밖에 맞이한
화단에 핀 국화꽃
커다란 눈 크게 뜬
수많은 시선들
해마다 저들이었건만
알아보지 못함에 대하여
죄인인 양 되어
째려보는 눈초리 매섭다
얼굴 내밀어 마셔보는
국화 향기
도무지 빠져나오기 힘든
화원 삼매경이다
황홀하고 아늑한 것이
층층이 쌓아 놓은
하얗고 노란 무릉도원이다

6월 어느 날

밤꽃,
하늬바람에 날려
비릿한 갈지자 행보할 적
세상 풍파 등진
무표정하던 들녘
꽃 내음에 취한 건가
뜬금없는 번뇌 휩싸이고
6월의 햇살
할 일 없는 듯
철쭉 울타리 틈새
비집고 보니
한껏, 농익어 가는
옥수수며 고추, 토마토들
유유자적,
풀벌레 소리에 취해
황혼의 꿈
아직은 넉넉한가 보구나

계룡산 정상에서

굵은 땀 뻘뻘 훔치며
올라온 산 정상
무심히 고갤 들어 보니
저 멀리 하얀 눈
정성들여 쌓아 놓았다
탁 트인 티 없는 하늘
너무도 아름다워
하마터면,
사랑한다 고백할 뻔했지만
이 풍광 정녕 다시는 못 볼
뒤늦은 후회될까 싶어서
넋 놓은 채,
찬바람만 만지작거리다가
어스름 무수히 짙어짐에
까맣게 애만 태우다 내려왔다

7월의 정오

쩍쩍 갈라지는
정오 사이로
뙤약볕이
하세월 울어댄다

새벽이슬은
금세,
갈 길 잃은 채
넋두리 타령인데

푸욱 꼬드긴
들푸른 잎새들
사라진 우물 찾아
삼만리이다

깨달음

밤새 펜 들었지만
도무지 정리되지 않는
혼돈의 몸부림!
새벽이건만,
어느새 글보다는
손 외면한 낙서투성이
육체와 뇌리, 시간 모두다
고뇌의 통곡!
무심코, 예전에 습작했던
책장 속 노트 한 권
오랫동안 처박아 두었기에
쌓이고 쌓인 뽀얀 먼지
훌훌 털어내곤 읽어 본다
여태 잊은 채 방관만 한
한줄기의 여명!

자고로, 글이란?
긴긴 동면 깨우면 될 일
그 깨달음!

늙은 감나무

감나무 잎새
아직도 무성한 날
서녘 붉게 물든
무심한 구름 바라보시던
아득해진 내 아버지!
그 모습 너무도 멋들어져서
아버지 되어 그 자리 서고 보니
세상사 고뇌,
거울이듯 훤히 바라보이고
조금씩 멀어지는 자식들
대견함과 서운함이
어스름하게 겹치어 오는데
가히 늙은 그 감나무
듬성듬성 열매 매다는 것이
아직은 노환(老患)일까
눈치채지 못한 치매(癡呆)일까

들꽃

4월 햇살 아래
존재라는 사명으로
말없이 고갤 내밀었다면
그것은 이미,
사그라져야 할 운명
한낱, 미물인걸...
연약한 송이송이
꽃이라는 이름으로
흘려보낼 시간
그 어찌 알려는 가마는
이런저런 이유 들이대면서
버텨보지만 그것은,
쓸데없는 막연한 저항
조용히 조용히
탄식의 이름 부르짖다가
아! 끝끝내...
그대, 그저 들꽃인걸

말복

제 몸 불타는 줄 모르는
화냥년인 줄 알았다
훨훨 제멋대로 살아가는
개망나니인 줄만 알았다
그토록 도도함이
아니었듯 허무하게 식어가고
때늦은 사랑질이었을까
난도질당하는 너의 모습에
8월 뼈마디조차
토막토막 잘려 나갈 즈음에
지나는 샛바람에 놀라
한 많은 신세타령이나 하는
초라해진 너의 모습
어이없다꾸나 배신당했음에

담장 너머로 툭툭 던지고 마는
설익은 낙과들…

메주

아래채 처맛끝에
메주가 주렁주렁 열렸다
잡새들 콩인 줄 알고 매달렸다가
그 냄새 취한 듯 줄행랑이다
지나던 까마귀도
뒤돌아보며 맴돌다가도
배고픈 길냥이 눈매 매서움에
멋쩍은 듯 감나무에 앉아선
꺼억꺼억 울어대지만
무심한 되양볕은 본체만체
서녘 바람 등진
잘 익어가는 메주만 챙기고 있다

봄비 내리던 날

한 가닥 연둣빛
그리움에
마른 대지
촉촉이 적시던
봄비 내리던 날
정원 한구석
똑~똑~똑!
가만히 노크해 보니
겨우내 닫았던
생명들!
부끄러움인가 슬며시
문 열어 보네

깊은 잠!
내면 깨우고만
여우비 옅게 드리우던
그 어느 날의 연가!

비 오는 시골 풍경

소리 내 비 내리는
마당 가에
스산한 바람 한 점
찾아든다
단연코,
떠돌다가 지쳤으리라

텃밭 한쪽에 자리 잡은
단호박이며 오이 넝쿨
고갤 쳐들다 말고
건들장마에 머물 곳 없어
뜨락 한켠 찾아 드는데
창가 떠돌던 빗방울은
먼 산만 바라보다가
이내, 적막함에 하염없는 듯
무성해진 잔디 속 숨어든다

사라짐에 대한 고찰

사라짐은 필연!
인연이라는 조각의 묶음
그렇게 모아 모아
서로 다른 대서사시 되고
존재했음에 고찰하는 것
잠시나마 머묾은,
멀리서 바라볼 수 있음에
혹자는 이를 추억이라 부르겠지
그것은 곧, 뒤안길!
아쉬운 퇴색일 수도 있겠지만
그 우수리에 겨우 서 있는
시시때때로 다가오는
먹먹한 회상인 걸

사라짐이라 명명하고
한평생이라 자평한 후에
너무도 아름다웠다고 회고하겠지

상수리나무

비 그친 이른 새벽
안개 속에 갇힌 뒷산
상수리나무 군락!

그 무슨 슬픔 젖었는가
눈물 아니 흘려도 좋으련만
바람에 흔들리는
여린 가지들 몸부림!

아픈 가슴 털어 내려
상수리 열매 우수수하건만
옅은 물안개 속 숨어든 채
함께 떨어지는 상념은
그 무슨 의미인고!

석양

부지런히 달려온
오늘의 꿈!
여기까지입니다
더도 덜도 아닌
막다른 골목길에서
뒤돌아설 힘
이젠, 없습니다
빛마저 삼켜버린
새하얗게 아름다웠던
못다 한 오늘이
내일 될 수 없음에
그 누구도 알 수 없던
미지의 여정!
이제는 하염없음에
그만이고 싶습니다

검디 붉은 어둠속으로...

설중매(雪中梅)

썰렁 가득한 뒷산
헤매이다
혹여, 봄인가 싶어
내 뒷뜨락 마주하고 보니
잔설(殘雪) 사이사이
매화꽃!
웃음기 활짝 드리웠구나
어중띤 이내 삶 늘,
직진인 양 살아왔건만
어느 틈새에서
이토록 또다시 꽃피울 날
아직 있을까마는
그래도 전령처럼 찾아온
널, 볼 수 있으니
아직은 더 살아볼 희망
남아있나 보다

세월

굳이 난, 널
기다리지 않았고
새삼스럽지도 않았다
어느 한땐가 가슴 쿵더쿵
뛴 적도 있었겠지만
행여, 아는 척 할까 봐
두려움의 연속에서
쓰디쓴 커피로 입막음하면서
싸리나무 문 꼭꼭 닫아건 적도 있었다
그래도 잊지 않고 들이미는
널 난,
반쯤만 반기다가
반쯤은 밀쳐내기도 하다가
이젠, 시도 때도 없음에
어느새 난, 지치고 지쳐

너의 품속에서 헐떡이고 있구나

싹(1)

추웠던 긴긴날
움츠린 채
두려움에 하염없이
기다리다가
이제는 되살아날까
어두움 곱씹다가
밝은 빛으로
희망 될까 싶어
망설이듯 미소 참다가
차디찬 대지 귀퉁이에
귀 기울이다가
파릇파릇
쏘옥 내밀어 오는
녹색의 향연
아! 희망
    희망
        희망...

싹(2)

밤새 소리 없이 찾아온
넌,
찬 이슬비 비집고 온
장난기 어린
순진한 내음이었다
아직은 이른 듯
케케묵은 내복 틈새
비집어 보다가
자다 말고 일어난
내 눈덩이 만지다가
어차피 수줍어할 바엔
그냥, 빼꼼히 내밀어보는
싹!
봄의 전령이었다

어쩌다 알게 된 사실

아팠다
죽도록 아팠음에
뒹굴고
또 뒹굴다 보니
우연히 알게 된
사실 하나
애착은, 살기 위한
발버둥이 아니라
죽음 재촉하는
지름길이었다는 것을
동행자라 여겼던
반 발짝 뒤따르던 이가

바로, 그놈인 걸
아예 모르고 살아왔음을…

여명(黎明)

멀리 잡새들 소리에
귀 뚫리고
지지리도 못난
이내 심장은 마지못해
세상 더듬어 본다
아직은 고요 즐길 시간임에
논자락 누워있는
검은 그림자 무수한 걸
마당 가 듬성듬성 핀 채송화도
곤한 잠에 아직인 걸
조금은 흐트러져도 좋으리니
세상사 너무도 무거움에
두발로 조금만
이불 걷어차고선 기다려 보자

이 작은 콧구멍
조금만 더 열어 놓은 채로…

이화령*(문경새재)

하염없이 울어대는
매미들 소리에
산중은 적막을 걷어내고
찌는 무더위 웬 말
신선들만 모여 사는
검푸른 숲속
수많은 고추잠자리들
한가로이 노니는데
등짐 맨 옛길의 선비들
문전성시(門前成市)
그 언제였던가
그림자조차 보이지 않고
발길 다 끊은 이화령은
오수에 젖은 채
참으로 한량 하기 짝이 없다

*이화령 : 문경시와 괴산군 사이의 고개.

그 자리

스치듯 찾아간 그 자리에
문득, 그리운 눈물
방울방울 심어 버렸다
스산하게 살아난 추억은
세상사 비웃음에 묻혀
이미 오래전,
한 줌의 재가 되었을 터
아마도 그 하늘엔
못다 한 사무침 채워졌으리니
이제는,
살포시 이슬비로 내려와
이른 아침 영롱하게 피어나는
나팔꽃이고 싶다
그 언젠가 그러하였듯
우연으로 가장한 천륜 되어
은은한 미소로 반겨주는
또 다른 그 자리이고 싶다

남몰래 찾아간 그 자리...

낙동강가에서

산모퉁이 돌아
무심코 들어선 강가
갈대 섬 감싸안은 안개
낯설게 다가온
한여름 굵은 빗줄기
장단 맞추듯 괴음에
이승인가 저승인가
인적마저 뜸한 방죽은
발길 촉촉이
젖어오는 것도 잊은 채
호젓이 나는 호연(胡燕)*들과
반쪽짜리 적막함만
무심히 바라보고 있네

*호연(胡燕) : 여름 철새로 재비와 비슷.

춘삼월

춘분(春分) 지난 아지랑이
아른아른 피어나던 날
혹독했던 겨우내
마지못해 이어온 생명
긴 한숨에 꼬물꼬물
환생의 그리움 헤매다가
밉지 않은 실바람 불어올 때면
가지 끝 만져보고
살랑살랑 잎새도 흔들어 본다
꼼지락꼼지락
긴 능선 막 내려온 계곡
바위 틈새 이끼들
굳게 다문 입 열어젖히고는
저마다 얘기에 미소 졸졸

아무래도 조만간
새 생명 탄생하려나 보다

춘분

이른 새벽
어스름한 동녘 빛
창문 틈 비집고 오거든
부스스 일어나
맥고자에 장화 신고선
마른 텃밭 일구는 줄
알아라

뒷동산
우거진 굴참나무 사이로
햇살 파르르 떨고 있거든
그리웠다 보고프다
머언 산모퉁이 돌아오는
아지랑이 마중 나간 줄
알아라

처서(處暑)

그 누구의 울음일까
가만가만
귀 기울이고 보니
철 지난여름 어느 모퉁이
못다 한 한 맺힌 소리

어디쯤일까
어설픈 발걸음에
방울방울 봉선화 잎새
아침 이슬에도
파르르 떨고 있는데

못마땅한 파란 하늘
못 본 척, 무심히 지나친다

한로(寒露)

나지막한 뒷산 곁에
눌러앉은 텃밭
들깨 베는 소리에
서러움 아는 듯
늦가을 마중 나간다
마당 가,
포도며 감, 사과들
아직도 설익어 푸르고
황금 들판만은 아직
머언 얘기건만
성질 급한 찬바람은
아침저녁으로
계절을 재촉하고 있다

귀농의 꿈

바람이
구름 따라 꿈 찾아
뒷동산 찾아든다
이른 아침은 번개처럼
화한 피톤치드 되어
솔잎 향기로 위장한 채
인사 치르고선
몽상인 양 유유자적
안개 속 사라진다
장단 맞추듯 잡새들
여기가 천국이라네
자랑질하면서
이내 찾아온
곱디고운 형형색색 햇살
한아름 퍼 주고선
주변을 맴돈다

정오의 풍경

중복 지난 칠월
정오!
무거운 육체
길게 내려놓을 적
정적마저 돌아눕는
무료한 시간
등줄기 파고드는 땀
식을 줄 몰라
무성한 감나무 사이사이
드나들던 잡새들
미동도 없고
처마 밑 돌아나오던 미풍도
뜨락에서 졸다가
머리 위 머문 새털구름과
저만치 머언 고요만
멍하니 바라보고 있더라

종착역

하루라는 삶!
텃밭에 내버려두고선
홀로 뒤돌아설 때
어찌어찌 버티어 온
울컥한 그 감회!
밤 서리 내리는
차디찬 바람 속에서도
혹여, 내일 와줄까
설렘으로 이어지는 기다림
다하지 못한 후회 될까
지친 몸 털썩 뉘어 보지만
종착역 다다른 졸음은
뒷산 상수리 부딪치는 소리에
울먹이며 트집 삼아 보지만
서러운 듯 움츠리다가도
저 멀리서 다가오는
까만 물안개 고요 속으로
한없이 한없이 빨려들고 만다

일몰

수줍은 듯 홍조 띤
당신을 바라보는 순간
황홀한 사랑에
빠지고 말았습니다

훤히 비치는 속살과
천상(天上)의 요염함
붉은 비단옷으로 가린
그 자태!
그저, 넋 놓고 말았습니다

야릇한 미소와 유혹에
이내 영혼은 그저,
무아몽(無我夢)일 뿐입니다

장미

이른 아침!
웃고 있는 너
거짓된 향기라기 보다는
볼수록 아름다운 게
차라리,
미소녀라고 불러보는 너
마음은 늘,
겨울바람일지언정
그토록 쪼개던 햇살마저
네 앞에선 그저,
하늘하늘 서성일 뿐
천년강 건너던
서슬 퍼렇던 8월조차도
세월마저 비껴간
해맑은 천국이라 하는구나

• 해설

삶은 사라지는 것이 아니라, 남겨지는 것이다
— 정범식 5시집 『텃밭에도 사유가 있다』의 시 세계

정 유 지
(문학평론가 · 문학 박사)

   정범식 시인의 5시집 『텃밭에도 사유가 있다』는 삶의 고단함 속에서도 따뜻한 낭만과 희망을 놓지 않는 철학적 시 세계를 부여준다. 작품 전반에 걸쳐 시인은 일상의 사소한 풍경, 노년의 감상, 삶의 끝자락을 시심(詩心)으로 곱게 어루만지며, 깊은 공감과 위로의 메시지를 전하고 있다. 삶의 끝자락에 선한 낭만주의자가 보여주는 존재에 대한 깊고도 따뜻한 성찰의 기록이다. 시인은 노년의 시선으로 일상의 작고 소소한 장면들을 담담히 포착하면서, 그 안에 깃든 생의 의미를 곱게 어루만진다. 이러한 시적 태도는 단순한 자연 묘사를 넘어, 삶을 사랑하는 방식의 하나로서의 시 쓰기, 그리고 남은 삶을 사랑으로 가꾸는 철학적 수련으로 읽힌다. 시적 소재 '텃밭'은 존재의 근원을 묻는 사유의 무대다. 거기서 시인은 땀 흘리며 풀을 매고, 작은 생명을 돌보며, 자연과 인간이 순환 속에서 맞닿는 지점을 조용히 응시한다. 그 시선은 결코 냉소적이지 않다. 오히려 상실과 고독, 죽음의 기척 속에서도 끝끝내 삶을 끌어안으려는 애틋한 사랑의 시선이다. 시인이 응시하는 것은 외롭고 늙어가는 자신이지만, 그는 그 존재조차도 연민이 아닌 사랑으로 품는다. 특히 작품 전체를 관통하는 정서에는 노년의 자각과 함께 찾아오는 시간의 너그러움이 배어 있다. 하루하루가 고통일 수 있지만, 시인은 그것을 피하지 않고 정면으로 마주하며, 고통마저도 생의 일부로 존중하는 성찰을 보여준다.

1. 존재에 대한 따뜻한 성찰 속에 사랑이 남겨진다.

정범식 시의 사유는 단지 머리로 생각하는 철학이 아니라, 몸으로 살아낸 인생의 체온을 품은 시학이며, 따스한 온도의 철학이다. 시인은 인간 존재의 유한성을 껴안고도 희망을 말하며, 죽음과 소멸 너머에 남겨질 어떤 '사랑'도 품는다. 그것은 대상을 향한 사랑이자, 생을 떠나는 자신에게 남기는 마지막 따뜻함의 전언이다. 『텃밭에도 사유가 있다』는 노년의 깨달음뿐 아니라, 사랑의 감정으로 견뎌낸 시간에 대한 감성 철학자의 어록이다. 존재를 성찰하는 그 끝에는 결국 사랑이 남는다. 사랑은 위대한 감정이기 전에, 살아낸 자만이 도달할 수 있는 시심의 증표다.

시인은 잊혀 가는 것들, 소멸해 가는 존재에 대해

시적 애정을 담아 「삶에 대하여」로 재생하고 있다.

> 흐르는 것이 어디
> 물뿐이랴
> 세상에 존재하는 모든 것
> 내 것 아니거늘
> 뒷산 상수리나무처럼
> 푸르르다 고목 되면
> 그만인 것을
> 도시 매연에 찌들어
> 숨 가쁘게 살아온
> 비뚤어진 허파, 부둥켜안은
> 이 세월…
> 이제는 바람 되어 사라진
> 디딜 방앗간
> 쌀 빻는 소리도 그립다
> 찢어진 검정 고무신에
> 연 날리고 팽이 돌리던 시절
> 너무도 그립다
> 잊혀가는 삶에 대하여…
>
> ―「삶에 대하여」 전문

인용된 작품을 통해 시인은 '이제는 바람 되어 사라진 디딜 방앗간'이나 '찢어진 검정 고무신에 연 날리던 시절'을 회고하며, 사라진 것들 속에 여전히 남아 있는 감정과 기억을 조용히 불러낸다. 이것은 단순한 향수가 아니라, 존재의 의미를 되새기는 사유의 결과다.

흘러가는 시간 속에서 유한한 존재로 살아가는 인간의 고단함 그리고 그 속에서도 사무치게 그리운 기억들을 담담하게 되짚어보고 있다. 도시 문명의 소외와 노년의 체념, 그리고 어린 시절의 순수한 시간에 대한 회귀를 통해 삶을 철학적으로 성찰한다. 시인은 흐르는 강물처럼 스쳐 간 존재의 덧없음을 노래하면서도, 그 흐름 속에서 사라져가는 것들의 의미를 떠올린다. 인용된 작품의 첫 행 '흐르는 것이 어디/ 물뿐이랴'는 시 전체의 사유를 함축하는 시적 선언이다. 시인은 시간, 기억, 생명, 그리고 존재 자체가 모두 끊임없이 흘러가는 것임을 인식한다. 이 흐름은 결국 소멸을 전제로 한다. '푸르르다 고목 되면/ 그만인 것을'이라는 대목은 자연의 순리 앞에 인간도 예외일 수 없다는 자각이며, 이는 곧 삶의 유한성에 대한 체념과 수용으로 이어진다. 자연의 순환과 순리에 순응하려는 시적 자세를 엿볼 수 있다. 시인은 「삶에 대하여」를 통해 흐름과 상실, 소멸과 회귀를 통합하며 인간 존재에 대한 따뜻한 성찰의 시학을 완성한다. 삶이란 결국 흘러가고, 많은 것이 잊히지만, 그 속에서 되살아나는 감정과 기억은 결코 무의미하지 않음을 터득한다.

 시인은 삶 속에서 언어의 옷을 입히며, 속삭인다. '잊혀가는 것들 속에도 삶은 남아 있다.' 「치매」를 통해 이를 확인할 수 있다.

이른 아침이
상쾌하고 잔잔한 이유는
종일토록 쌓아둔 기억이
자신도 모르게
밤새, 지워진 탓일 게다
존재하든 그렇지 않든
그 사실은 굳이,
끄집어내지 않아도
될 일...
어차피 때 되면
삶에 지쳐
무거워진 눈꺼풀처럼
스르르 감기고 말 터
그러함에도 남아있는 현세
이토록 행복해함은
아무 일 없었던 듯
무(無)인 양 잊혔기 때문

―「치매」 전문

 인용된 「치매」는 인간 존재의 기억과 망각, 삶과 죽음의 경계를 철학적이고 시적으로 성찰한 작품이다. 표면적으로는 병리적 상태인 '치매'를 다루고 있으나, 그 이면에는 기억의 무게와 망각의 평온함, 나아가 존재의 의미와 해탈에 가까운 수용의 태도가 담겨있다. 이 시는 단지 질병에 대한 서정이 아니라, 노년의 삶과 인간의 존재 방식 전체를 조용히 조응하게 만든다. 시인은 상실조차도 고요히 받아들이며, 인간 존재의 본질을 되묻는다. '존재하든 그렇지 않든/ 그 사실은 굳이,/ 끄집어내지 않아도 될 일…'이라는 시적 진술은 존재 자체의 의미마저 상대화한다. 인간이 살아있음은 기억과 연관되어 있지만, 기억이 사라져도 존재는 여전히 남는다는 사실을 담담히 제시한다. 시인은 이것을 절망이나 공포가 아닌, 체념과 수용의 미학으로 다룬다. 이는 죽음을 향해 나아가는 존재의 마지막 계단에서 맞이하는 해탈적 시선, 비극적 초월의 삶이라 할 수 있다. 가장 눈여겨볼 시적 진술은 후반부 '그러함에도 남아있는 현세/ 이토록 행복해함은/ 아무 일 없었던 듯/ 무(無)인 양 잊혔기 때문'이다. 이는 기억을 잃는 일이 삶의 불행이 아니라, 오히려 순수한 감각의 회복과 고통의 탈각일 수 있음을 보여준다. 망각은 단지 병적인 상태가 아닌, 존재의 무게를 덜어주는 치유의 기제로 재해석된다. 시인은 치매라는 조건을 통해 '사는 것 자체'의 본질적 의미, 즉 기억 없이도 존재할 수 있는 평화와 자연스러운 퇴장의 아름다움을 제시한다. 기억이 사라지는 병리적 현상을 비극으로만 보지 않고, 그 속에서 한 존재가 덜어지는 과정, 고통이 사라지는 평화를 발견하는 시인의 시선은 노년의 시심이 지닐 수 있는 가장 고요하고 고고한 사랑의 방식을 노래한다.

　시인에게 있어 사랑이란 삶의 기저를 지탱한다.「사랑의 정의」를 통해 확인할 수 있다.

사랑이란,
꼭 알아야 할 것
10%만 알고
나머지 90%는
설령 알아도
모르는 척
덮어주는 것
그래서,
평생토록 서로
궁금해하면서
알아가고
살아가는 것

―「사랑의 정의」 전문

'사랑은 알면서도 모르는 척하는 것' 하는 것이란 의미 속에 삶의 여백을 유지하는 삶의 가치가 생성된다. 인간관계에 대한 유연한 통찰의 힘이 얼마나 중요한지 보여준다. 「사랑의 정의」에서 '사랑이란 10%만 알고 90%는 모르는 척 덮어주는 것'이라는 표현은 정범식 시 세계의 대표적 철학이자, 인간관계를 유지하는 지혜로 읽힌다. 단순하지만 깊이 있는 정의로써, 복잡한 감정의 실타래를 담백하게 풀어낸다. 「사랑의 정의」는 짧지만 깊은 통찰을 담고 있다. 사랑을 단순히 감정의 교류나 완전한 이해의 산물로 보는 것이 아니라, 불완전함을 수용하고, 비워두고, 존중하는 관계의 수사적 장치로 정의한다. 시인이 제시하는 사랑의 본질은 '알고도 모르는 척 덮어주는' 태도 속에 있다. 이는 곧 인간관계에서의 성숙함과 배려, 나아가 존재의 다름을 인정하는 철학적 가치관이라 할 수 있다. '꼭 알아야 할 것 10%만 알고/ 나머지 90%는/ 설령 알아도/ 모르는 척/ 덮어주는 것'이라는 시구는 사랑을 모든 것을 아는 것이 아니라, 모르는 부분을 인정해 주는 것으로 설정한다. 이는 단지 감정적인 참음이 아니라, 상대의 고유한 세계를 침범하지 않는 존중의 태도다. 완전한 이해를 추구하며 생기는 갈등보다는, 이해하지 못함 속에서도 함께하는 지혜를 강조하는 시인의 시선은 성숙하고 따뜻하다. '평생토록 서로/ 궁금해하면서/ 알아가고/ 살아가는 것'이라는 시적 문장은, 사랑이 정지된 상태가 아니라 끝없는 '알아감'의 과정임을 시사한다. 여기서 사랑은 단지 감정이 아닌, 시간을 함께 걷는 태도이며, 상대방을 매 순간 새롭게 만나는 존재적 탐구의 여정이다. 즉, 사랑은 '정복'이나 '소유'가 아니라 끝나지 않는 호기심과 존중이 유지시키는 관계라는 것을 상기시킨다. 정범식 시의 「사랑의 정의」는 사랑을 낭만적 감정이 아니라 관계의 성숙한 기술로 풀어낸다. 사랑은 '완벽히 아는 것'이 아니라, 여백의 자유를 주고, 비워둘 여지를 인정하는 것이다. 시인은 그것이야말로 평생토록 궁금해하며 서로를 알아가게 만드는 존재적 인정의 본질임을 보여준다.

　시인은 삶의 여백 속에 깃든 자화상을 그린다. 「나」를 통해 확인할 수 있다.

난, 나라는 너를
만나보고 싶다
젊은 시절!
멋들어진 꿈과
몹시도 잘난 척 나대던
나름의 위시(爲始)!
그러하던 너 같은 나!
활활 타오르던
수많은 사연들 중에
아직도 못다 한
반 조각의 불티라도 깨워
소박하게나마
함께 드리워 보고 싶다

한 발짝만 더 가노라면
이젠,
너무 늦을 것 같은
그리운 나라는 너를…

―「나」 전문

 시인은 '나'라는 존재를 단일한 고정체로 보지 않고, 시간의 흐름 속에서 분열되고 변화한 다층적 자아로 인식한다. 이 시는 곧 잊힌 자아를 되찾고자 하는 간절한 소망, 그리고 시간 앞에서의 회한과 회복의 미학이 번뜩인다. '난, 나라는 너를/ 만나보고 싶다"라는 시의 첫 문장은 자기 자신에 대한 이중적 인식을 보여준다. 여기서 '너'는 타인이 아니라 과거의 '나', 특히

젊고 꿈 많았던 시절의 나이다. 시인은 그 시절의 자신을 '그리운 타자(他者)'로 부르며, 다시 만나고 싶다는 소망을 품는다. 이는 내면의 분열, 즉 현재의 자아가 더 이상 과거의 자아와 일치하지 않음을 반영한다. '수많은 사연들 중에/ 아직도 못다 한/ 반 조각의 불티라도 깨워'라는 시적 문장에서 '불티'는 과거의 열정, 이상, 미완의 꿈을 상징한다. 시인은 모든 것을 되돌릴 수 없다는 것을 알면서도, 소박하게나마 그 조각을 다시 일으켜 세우고 싶다는 바람을 품는다. 이것은 단순한 회고가 아니라 실천적 희망, 즉 잊힌 자아를 삶 속에서 되살리려는 시적 의지가 돋보인다. '한 발짝만 더 가노라면/ 이젠,/ 너무 늦을 것 같은'이라는 작품의 후반부는, 노년기 특유의 절박한 시간 인식을 담고 있다. 죽음 혹은 회복 불가능한 상실을 눈앞에 두고, 시인은 '그리운 나'와의 화해를 시도한다. 이 회한은 단지 과거의 아름다움에 대한 향수가 아니라, 삶을 마무리하기 전에 반드시 회복하고 싶은 정체성에 대한 갈망이 나타난다. '그리운 나'를 찾아가려는 길 위에 서 있으며, 그것이 삶의 마지막까지 이어질 존엄한 여정임을 암시한다. 「나」는 자기반성과 존재 회복의 시다. 시인은 '나'라는 존재가 시간 속에서 달라지고 분열되며, 그 변화 속에서 가장 순수하고 이상적이던 자아를 잃어버리게 되는 과정임을 고백하고 있다.

　시인은 인생의 의미를 숙고한다. 「백지 한 장 차이」에서 확인할 수 있다.

의미 있고 없고는
백지 한 장 차이
알면서 행하면 고수
모르면서도 행하면 하수
모르면서도 잘 고치면 명의
잘 알면서도 못 고치면 돌팔이
텃밭에 있으면 잡풀
산천에 있으면 경치
시대가 칭찬하면 천재
비난이 일면 천치
배낭 메고 가면 여행객
넝마 메고 가면 거지
숨 끊어지면 사자(死者)
아직 숨 쉬면 산자(生者)

이것도 저것도 아닐 바에야
세상사 알아도 모른 척
입 다물고 둥글둥글!
백지인 양 살아가면 되는 거…

—「백지 한 장 차이」전문

  인용된 것은 세상사의 상대성과 경계의 모호함을 유머와 철학이 절묘하게 어우러진 방식으로 풀어낸 풍자적 작품이다. 시인은 다양한 대비 구조를 통해, 사물과 존재, 가치와 평가, 삶과 죽음조차도 결국 종이 한 장 두께만큼의 차이에 불과하다는 시적 통찰력을 선보인다. 현실을 꿰뚫는 날카로운 인식 속에서도 지혜로운 삶의 태도를 제시한다는 점에서, 고요한 울림과 유쾌한 섭리를 동시에 안겨준다. 「백지 한 장 차이」란 깨달음 속에 세상을 바라보는 낭만주의자의 역설적 유머가 꿈틀댄다. 정범식 시의 매력 중 하나는 삶의 이면을 유쾌하게 비틀면서도 깊은 통찰의 울림을 남긴다는 점이다. 시인은 작품 전반부에 '하면 고수, ~하면 하수' 혹은 '~면 경치, ~면 잡풀' 같은 반복되는 이항 대비 구조를 통해 극적 환기 장치를 구가하고 있다. 이 이항 대비 구조는 모든 가치 판단이 상황과 관점에 따라 얼마든지 뒤바뀔 수 있음을 진술하고 있다. 가치의 상대성을 설파하고 있다. '이것'과 '저것'의 간극은 종이 한 장 차이라는 점이다. '텃밭에 있으면 잡풀/ 산천에 있으면 경치'라는 구절은 본질은 동일하나, 장소와 맥락이 가치를 결정짓는 아이러니를 보여준다. 이는 인간 사회에 혼재하는 '사람, 재능, 사상'의 평가 체계가 얼마나 주관적이고 변덕스러운 것인지를 짚어낸다. 즉, 우리는 종종 '누구인가'가 아니라, '어디에 있느냐'에 따라 그것의 가치를 판단하는 오류를 범한다. 「백지 한 장 차이」에서는 세상의 이분법적 기준에 대해 풍자적 어법으로 접근하면서도, 마지막에는 '세상사 알아도 모른 척 입 다물고 둥글둥글!' 살아가라는 현실적 삶의 자세를 주문한다. 세상의 모순과 경계의 애매함을 꿰뚫은 자의 처세술이자 삶의 철학이다. 시인은 모든 것에 옳고 그름, 고상함과 천함을 구분 짓기보다는, 유연하고 겸허하게, 백지처럼 살아가는 것이 진정한 지혜라고 말한다. 이는 노자의 무위 자연(無爲自然) 사상이나 불교의 공(空) 사상과도 맞닿아 있는 동양적 무심(無心)의 미학이라 할 수 있다. 「백지 한 장 차이」는 인생과 사회, 인간관계 속에서 끊임없이 생겨나는 차별과 판단의 문제를 풍자와 철학으로 녹여낸 작품이 아닐 수 없다.

2. 텃밭이란 소박한 공간을 철학적 사유의 공간으로 확장하다

정범식 시인은 '텃밭'이라는 소박한 공간을 철학적 사유의 공간으로 확장한다. 자연과의 교감을 통해 삶의 허무와 고단함을 이겨내려는 초월적 자기 의지를 보여준다. 현대인의 삶은 무한 경쟁과 소외 속에서 점점 메말라간다. 이런 시대에 정범식 시인은 '텃밭'이라는 일상적이고 소박한 공간을 통해 새로운 삶의 가능성과 시적 사유를 펼쳐 보인다. 그의 시에서 '텃밭'은 단순한 식물 재배의 장소가 아니라, 존재의 의미를 되묻고 내면의 평화를 길러내는 철학적 공간이자 생명의 은유로 기능한다. 텃밭은 뿌리를 내리고, 자라고, 시들어가는 자연의 순환을 매일 가까이에서 마주하게 한다. 그 속에서 시인은 삶의 허무와 고단함마저 자연의 일부로 수용하려는 태도를 보인다. 풀 한 포기, 들꽃 한 송이도 결코 헛되지 않을 수 없으며, 그것들이 보내는 신호를 통해 시인은 자신의 존재를 반추하고 삶을 성찰한다. 이는 곧 자연과의 교감을 통한 자기 구원의 길이기도 하다. 정범식 시의 핵심 정서는 자연의 섭리를 따르되 그 안에 깃든 초월적 의지를 읽어내려는 데 있다. 그는 고통과 허무를 외면하거나 부정하지 않는다. 오히려 삶의 텃밭을 매일 돌보고 땀 흘려 가꾸며, 삶의 모진 날씨를 견디고 다시 싹을 틔우는 과정을 통해 시심(詩心)을 경작한다. 이는 단지 글을 쓰는 행위를 넘어, 생명에 대한 사랑과 존재에 대한 경외로 연결된다. 결국 '삶의 텃밭'은 단순한 생계의 수단도, 낭만적 자연 예찬도 아니다. 그것은 자신만의 리듬으로 존재하는 자연 속에서 고요하게 자신을 마주하고, 삶을 회복하는 공간이다. 시인은 그 속에서 가장 낮고 작아 보이는 것들에 대한 깊은 존중과 경청을 실천하며, 우리에게 그러한 시선을 회복하라고 말을 건넨다.

시인은 실존의 자각적 삶을 구현한다. 「인생사」에서 이를 확인할 수 있다.

> 무대도
> 대본도 없는 사막에서
> 이름 석 자 가지고
> 나름의 연극
> 잘 치르고 있습니까?
>
> 가끔,
> 지나가던 관객
> 곁눈 흘기면서 지나치지만
> 때론, 가면이라도 쓰고픈
> 희로애락 속에서
> 오금지 붙고

팔다리 쑤시는 작금에 와서
　　아직도 더해야 할
　　대사와 남아 있는지요

　　이게 사는 거랍니다

　　　　　　―「인생사」 전문

　인용된 「인생사」는 「인생사」는 무대 없는 인생이라는 거대한 사막 위에서, 누구나 배우로 살아가는 삶의 본질적 고단함과 순연한 연극성을 진솔하게 드러낸 작품이다. 시인은 대본 없이 즉흥적으로 살아가야 하는 존재의 처지를 마치 독백처럼 토로하면서, 그 안에 담긴 희로애락과 인간의 존엄을 섬세하게 포착한다. 특히 연극이라는 은유를 통해, 삶의 피로와 의미를 동시에 껴안는 자세를 추구한다.
　'가끔,/ 지나가던 관객/ 곁눈 흘기면서 지나치지만' 이라는 시적 문장은 삶의 외로움과 인정받고 싶은 갈망을 드러낸다. 누군가가 관심을 가져줄 것 같은 기대와 달리, 인생의 연극은 대부분 무관심한 타자 앞에서 외롭게 진행된다. 이 부분은 관객 없는 무대에서 혼자 버텨야 하는 자아의 고독과 현실의 무정함을 진단하고 있다. '아직도 더해야 할/ 대사와 남아 있는지요'는 삶의 미완성과 지속성을 함축한다. 완결되지 않은 삶 속에서, 시인은 우리가 여전히 연기해야 할, 말해야 할 몫이 남아 있음을 자문한다. 이 질문은 곧 존재의 이유를 되묻는 동시에, 끝나지 않은 자기 역할에 대한 책임감을 환기한다. 마지막 행에서 시인은 '이게 사는 거랍니다'라는 시구를 통해 어떤 극적 해답도 내놓지 않고 있다. 그 대신, 삶의 피곤함, 불완전함, 그리고 외로운 연기조차도 삶의 전부임을 수긍한다. 이는 체념이 아닌, 존재에 대한 조용한 수용과 긍정이다. 시인은 말한다. '누구나 무대 없는 인생을 연기하고 있으며, 그것만으로도 충분히 살아낸 것이다.' 인생은 무대도 없고, 대본도 없는 광막한 사막이다. 인간 존재의 근본적인 고독과 방향 없는 현실을 나타낸다. 삶의 덧없음과 동시에 유일무이함을 그려내고 있다. 이 이미지는 곧 예측할 수 없고 정해진 길도 없는 인생 자체를 상징한다. '이름 석 자'만 가진 개인이 그 안에서 펼치는 연극은, 인생을 살아가는 우리 모두의 스토리이기도 하다. 담담한 어조 속에 묻어나는 시인의 따뜻한 낭만주의적 시선은, 독자에게 묵직한 위로가 된다.

  시인은 인생이란 마라톤 속에서 자신에게 부여된 하루를 성찰한다.「하루살이」에서 확인할 수 있다.

    오늘도 눈 떠진
    감사의 하루건 만
    애벌레처럼 꿈틀거리다가
    겨우 몸부림쳐 보는
    꼼지락꼼지락!

    힘주어 생각해 보면
    타들어 가는
    갈증의 지난날들 여태 살아있음도

무지무지 고마운 일

　　남은 세포 하나둘 세다가
　　좁은 콧구멍으로
　　피톤치드 몇 알 밀어 넣고선
　　꿉꿉한 입냄새 틈 사이로
　　또 하루 날려 보낸다

　　　　　　—「하루살이」 전문

　삶의 고단함 속에서도 살아있음에 대한 '근원적인 감사'와 '작지만 단단한 생의 의지'를 담은 작품이다. 시는 마치 〈하루를 버티며 살아가는 '작은 존재의 자화상'〉처럼 다가오며, 현대인의 지친 일상과 생존의 감각을 절묘하게 포착하고 있다. '오늘도 눈 떠진/ 감사의 하루건 만'의 시구 속에, 무심한 일상 속 깃든 생존의 감동이 밀려온다. '꿈틀거리다가/ 겨우 몸부림쳐 보는 꼼지락꼼지락!'은 신체적 무기력감과 정신적 나태함을 극복하려는 필사적인 의지의 몸짓을 형상화하고 있다. '피톤치드 몇 알'이라는 시적 표현은 자연의 생명력, 특히 숲의 향기에서 오는 치유의 이미지를 뜻한다. 좁은 콧구멍으로 넣어보는 그 생명의 한 조각은 숨 쉬고 살아가려는 최소한의 자기 치유 행위다. 「하루살이」는 작고 짧은 하루, 작고 보잘것없는 존재처럼 보일 수 있는 인간의 삶을 조명하지만, 시인은 그 하루가 결코 작지 않음을 어필한다. 지친 몸으로도 살아내려는 몸부림, 자연으로부터 얻는 작지만 큰 위로,

그리고 그 모든 과정에 깃든 감사의 감정까지 이 시는 무기력한 하루를 견디는 모든 이들을 위한 위로이자 응원가인 셈이다.

시인은 생(生)과 사(死)를 한 몸으로 바라본다. 「들꽃」에서 이를 확인할 수 있다.

> 4월 햇살 아래
> 존재라는 사명으로
> 말없이 고갤 내밀었다면
> 그것은 이미,
> 사그라져야 할 운명
> 한낱, 미물인걸…
> 연약한 송이송이
> 꽃이라는 이름으로
> 흘려보낼 시간
> 그 어찌 알려는가마는
> 이런저런 이유 들이대면서
> 버텨보지만 그것은,
> 쓸데없는 막연한 저항
> 조용히 조용히
> 탄식의 이름 부르짖다가
> 아! 끝끝내…
> 그대, 그저 들꽃인걸
>
> ―「들꽃」 전문

인용된 작품은 인간 존재의 유한성과 덧없음을 '들꽃'이라는 상징을 통해 섬세하게 풀어내고 있다. 시인은 연약하고 소박한 들꽃을 통해 삶의 존재론적인 질문을 던지며, 우리가 붙잡고자 하는 삶의 의미가 결국은 자연의 순리 앞에 얼마나 무력한지를 진술하고 있다. 들꽃은 작고 소외된 존재, 이름 없이 피고 지는 존재다. 시 전체는 간결하면서도 절제된 언어로 구성되어 있으며, 반복적인 어조('조용히 조용히', '그저 들꽃인걸')는 시의 여운을 더욱 깊게 만든다. 「들꽃」은 행과 연의 구성이 유연하면서도 내면의 흐름을 잘 연동시키면서, 시어 선택 역시 자연의 이미지와 감정을 조화롭게 만들어낸다. 거창한 삶의 의미보다는, 이름 없이 피었다 지는 들꽃처럼 우리도 결국 자연의 일부로 살아가야 한다는 담담한 깨달음을 전한다. 이는 체념이 아니라, 오히려 가장 깊은 곳에서 우러나오는 생의 수용이다. 시인은 작고 연약한 존재 속에 함유된 아름다움과 슬픔을 통해, 인간 존재의 진실을 담담히 그려내, 내밀한 울림을 남기고 있다.

  시인은 전원의 삶을 동경하며, 자연과의 교감을 시도한다. 「귀농의 꿈」에서 확인할 수 있다.

바람이
구름 따라 꿈 찾아
뒷동산 찾아든다
이른 아침은 번개처럼
화한 피톤치드 되어
솔잎 향기로 위장한 채
인사 치르고선
몽상인 양 유유자적

안개 속 사라진다
장단 맞추듯 잡새들
여기가 천국이라네
자랑질하면서
이내 찾아온
곱디고운 형형색색 햇살
한아름 퍼 주고선
주변을 맴돈다

　　―「귀농의 꿈」 전문

　시인은 자연과의 조화, 귀농의 낭만적 환상을 서정적인 언어로 그려내고 있다. 도시를 떠나 자연 속에서 삶의 본질을 찾고자 하는 인간의 열망을, 바람과 구름, 피톤치드, 새소리, 햇살 등 자연의 생명력 넘치는 이미지로 풀어낸다. 자연 속 귀의(歸依) 의지가 담아낸다. 이 작품은 귀농이라는 선택에 담긴 '꿈'을 노래한다. '바람', '구름', '뒷동산', '안개', '잡새들', '햇살 등 초월적 기표들이 마치 살아있는 존재처럼 묘사되며, 시인은 자연과의 교감 속에서 자신이 찾고자 하는 삶의 이상을 구현하고 있다. 도시적 삶에서의 탈피와 치유의 욕망이 작품 저변에 깔려 있다. '화한 피톤치드', '솔잎 향기', '유유자적', '천국'이란 시어는 도시의 소음과 경쟁에서 벗어나 몸과 마음이 정화작용을 한다. 이른 아침 풍경 속에서 시인은 마치 자연과 동화된 몽상가가 되어 천국 같은 삶을 상상한다. 자연은 환영이자 스승이다. 자연은 그저 아름답게 묘사되는 대상이 아니라, 시인에게 말을 걸고, 인사를 건네고, 감각을 깨우며 곁을 맴도는 살아있는 존재로 등장한다. 이는 귀농이 단순한 '이주'가 아니라 존재의 방식 자체를 바꾸려는 깊은 성찰임을 보여준다. 이 작품은 자연의 품 안에서 살아가는 삶에 대한 동경을 경쾌하고 섬세한 시어로 풀어내고 있다. 자연을 스쳐 지나가는 배경이 아닌, 적극적으로 교감하는 존재로 그려냄으로써, 귀농이 단지 농촌 생활이 아니라 생태적 존재로 거듭나려는 시인의 의지를 피력하고 있다. 바쁜 현대인이 품는 귀소(歸巢)의 본능과 치유에 대한 열망을 따뜻한 시선으로 포착해, 삶의 방향을 묻는 작은 질문을 던진다.

시인은 하루를 삶의 축소판으로 여긴다. 「종착역」에서 확인할 수 있다.

> 하루라는 삶!
> 텃밭에 내버려두고선
> 홀로 뒤돌아설 때
> 어찌어찌 버티어 온
> 울컥한 그 감회!
> 밤 서리 내리는
> 차디찬 바람 속에서도
> 혹여, 내일 와줄까
> 설렘으로 이어지는 기다림
> 다하지 못한 후회 될까
> 지친 몸 털썩 뉘어 보지만
> 종착역 다다른 졸음은
> 뒷산 상수리 부딪치는 소리에

울먹이며 트집 삼아 보지만
서러운 듯 움츠리다가도
저 멀리서 다가오는
까만 물안개 고요 속으로
한없이 한없이 빨려들고 만다

―「종착역」전문

　시인은 「종착역」을 통해 인생의 황혼기에 다다른 한 존재의 내면 풍경을 섬세하고도 애잔하게 그려낸다. 이것은 하루의 끝이자 생의 종착점으로 클로즈업시킨다. 삶의 덧없음과 끝자락에서 느끼는 감정의 진폭을 고요하지만 깊이 있게 전달한다. 삶을 정리하는 순간의 사색, 기다림, 후회, 체념과 평온의 감정들이 교차하는 시적 구성으로, 죽음에 대한 철학적 응시이자 감정적 화해라고 할 수 있다. '하루라는 삶!'이라는 첫 시적 문장은 인생을 하루에 빗대는 압축적 은유로, 단순한 시간의 흐름이 아니라 존재 전체의 여정을 아우르는 상징성을 부여한다. 이는 하루의 끝이 곧 인생의 끝, 즉 '종착역'으로 이어지며, 작품 전반에 흐르는 죽음 혹은 마지막 순간에 대한 인식을 예고한다. '어찌어찌 버티어 온/ 울컥한 그 감회!'라는 시적 문장은 살아온 세월의 고단함과 감정의 쏟아짐을 보여준다. '혹여, 내일 와줄까/ 설렘으로 이어지는 기다림' 속에 삶의 끝에서도 여전히 희망과 내일을 기대하는 인간의 본능적 태도를 보여주며, 그 기다림이 곧 삶의 미련과 간절함임을 시사한다. 「종착역」은 결국 인생이라는 여정이 다다른 마지막 역, 그 고요한 통과 의식 앞에서 느끼는 감정의 총합이다. 시인은 억지로 이별을 거부하지도 않고, 죽음을 미화하지도 않으면서도, 슬픔과 체념, 그리고 아름다운 기다림을 교차시켜 '마지막'을 받아들이는 인간의 태도를 그린다. 이는 죽음을 삶의 일부로 이해하고, 받아들이는 성숙한 시선이자, 자연에 기대어 삶을 정리하는 시인의 깊은 내면의 성찰이라 할 수 있다. 「종착역」은 인생의 끝자락에서 느끼는 삶의 회한과 자연으로 회귀하는 인간 존재의 순환성을 절절히 그려낸다. '까만 물안개 고요 속으로 한없이 빨려들고 만다'는 마지막 행은 죽음마저도 두렵지 않은 평화로운 안식으로 볼 수 있다.

정범식 시세계를 지탱하는 중심축에 사랑의 결정체가 고스란히 담겨있다. 이는 소박한 언어로 건네는 낭만주의자의 희망을 담보하고 있는 것이다.

정범식 시의 강점은 난해하지 않고, 정직한 언어로 철학을 노래한다는 점이다. 그의 시편에는 노년의 고요한 관조, 사랑의 넉넉한 이해, 존재에 대한 겸허한 수용이 묻어난다. 『텃밭에도 사유가 있다』는 삶이라는 고단한 밭을 일구어온 한 시인의 따뜻한 메시지이자, 독자들에게 보내는 '그래도 괜찮다'는 희망의 서곡이 잔잔하게 울려 퍼지고 있다.

문학세계대표작가선 1048

텃밭에도 사유가 있다

정범식 5시집

인쇄 1판 1쇄   2025년 5월 10일
발행 1판 1쇄   2025년 5월 15일

지 은 이 : 정범식
펴 낸 이 : 김천우
펴 낸 곳 : **문학세계** 출판부 / 도서출판 **천우**
등   록 : 1992. 2. 15. 제1-1307호
주   소 : 서울시 광진구 구의강변로 85 강우빌딩 7F
전   화 : 02)2298-7661
팩   스 : 02)2298-7665
http://cafe.naver.com/chunwu777
E-mail : cw7661@naver.com

ⓒ 정범식, 2025.

값 18,000원

＊도서출판 천우와 저자의 서면 동의 없는 무단 전재 및 복제를 금합니다.
＊저자와의 협의에 따라 인지는 생략합니다.

ISBN 978-89-7954-955-3